AF358192

L'AMATEUR DE LIVRES.

Quiconque est loup agisse en loup.
C'est le plus certain de beaucoup.

Ce que La Fontaine a dit du loup, je le dirai volontiers du pédant. Savez-vous rien de plus lourd qu'un pédant qui veut être léger, de plus maussade qu'un pédant qui veut être gracieux? et s'il me prenait envie de faire de l'esprit en huit pages, moi qui ai juste ce qu'il faut d'esprit pour distinguer le prétérit de l'aoriste, ne me renverriez-vous pas à mes diphthongues?

J'aime mieux vous prévenir tout d'abord que cet article sera piquant comme un colloque de Mathurin Cordier ou comme un chapitre de Despautère. Dieu, la nature et l'Académie ont renfermé mon imagination dans ces étroites limites qu'elle ne franchira plus. Plus heureux que moi, qui ne peux me dispenser d'écrire, puisque ainsi l'a décidé un libraire trop exigeant, vous pouvez vous dispenser de me lire. Son dessin était fait, sa planche était tirée, il ne manquait plus qu'une longue et inutile élucubration à sa livraison incomplète. Eh bien! la voici : mais vous y chercheriez inutilement un de ces portraits ingénieux auxquels vos écrivains favoris vous ont accoutumé. Si vous êtes curieux de voir le bouquiniste représenté dans une esquisse fine et originale, n'allez pas plus loin, je vous prie, et tenez-vous-en au modeste conseil de Matthieu Laensbergh : « Voyez-en la représentation ci-contre. »

L'amateur de livres est un type qu'il est important de saisir, car tout présage qu'il va bientôt s'effacer. Le livre imprimé n'existe que depuis quatre cents ans tout au plus, et il s'accumule déjà dans certains pays de manière à mettre en péril le vieil équilibre du globe. La civilisation est arrivée à la plus inattendue de ses périodes, l'âge du papier. Depuis que tout le monde fait le livre, personne n'est fort empressé de l'acheter. Nos jeunes auteurs sont d'ailleurs en mesure de se fournir à eux seuls d'une bibliothèque complète. Il n'y a qu'à les laisser faire.

A considérer l'amateur de livres comme une espèce qui se subdivise en nombreuses variétés, le premier rang de cette ingénieuse et capricieuse famille est dû au biblio-phile.

Le bibliophile est un homme doué de quelque esprit et de quelque goût, qui prend plaisir aux œuvres du génie, de l'imagination et du sentiment. Il aime cette muette conversation des grands esprits qui n'exige pas de frais de réciprocité, que l'on commence où l'on veut, que l'on quitte sans impolitesse, qu'on renoue sans se rendre importun ; et, de l'amour de cet auteur absent dont l'artifice de l'écriture lui a rendu le langage, il est arrivé sans s'en apercevoir à l'amour du symbole matériel qui le représente. Il aime le livre comme un ami aime le portrait d'un ami, comme un amant aime le portrait de sa maîtresse : et, comme l'amant, il aime à orner ce qu'il aime. Il se ferait scrupule de laisser le volume précieux, qui a comblé son cœur de jouissances si pures, sous les tristes livrées de la misère, quand il peut lui accorder le luxe du tapis et du maroquin. Sa bibliothèque resplendit de dentelles d'or comme la toilette d'une favorite ; et, par leur apparence extérieure elle-même, ses livres sont dignes des regards des consuls, ainsi que le souhaitait Virgile.

Alexandre était bibliophile. Quand la victoire eut placé dans ses mains les riches cassettes de Darius, il pouvait y renfermer les plus rares trésors de la Perse. Il y déposa les œuvres d'Homère.

Les bibliophiles s'en vont comme les rois. Autrefois les rois étaient bibliophiles. C'est à leurs soins que nous devons tant de manuscrits inestimables dont une munificence éclairée multipliait les copies. Alcuin fut le Gruthuyse de Charlemagne, comme Gruthuyse l'Alcuin des ducs de Bourgogne. Les beaux livres de François Iᵉʳ porteront aussi loin que ses monuments la renommée de ses salamandres. Henri II confiait le secret de son chiffre amoureux aux magnifiques reliures de sa librairie, comme aux somptueuses décorations de ses palais. Les volumes qui ont appartenu à Anne d'Autriche, font encore, par leur chaste et noble élégance, les délices des con-naisseurs.

Les grands seigneurs et les gens notables de l'état se conformaient au goût du souverain. Il y avait alors autant d'opulentes bibliothèques que de familles à écussons et à pannonceaux. Les Guise, les d'Urfé, les de Thou, les Richelieu, les Mazarin, les Bignon, les Molé, les Pasquier, les Séguier, les Colbert, les Lamoignon, les d'Es-trées, les d'Aumont, les la Vallière, ont rivalisé, presque jusqu'à nos jours, d'utiles et savantes richesses ; et je nomme au hasard quelques-uns de ces nobles bibliophiles pour m'épargner le soin fastidieux de nommer tout le monde. Nos successeurs ne seront pas si embarrassés.

Bien plus, la finance elle-même, la finance aima les livres ! elle a beaucoup changé depuis. Le trésorier Grollier influa plus à lui seul sur les progrès de la typographie et de la reliure que ne le feront jamais nos chétives médailles et nos budgets littéraires, si économes pour les lettres. Son exemple fut suivi de Zamet à Montauron, et de celui-ci à Samuel Bernard, Pâris et Crevenna. Un simple marchand de bois, M. Girardot de Préfond, releva sa noblesse un peu équivoque par cet honorable emploi de l'argent, qui lui assure du moins l'immortalité des bibliographies et des catalogues. Nos banquiers n'en sont pas jaloux.

Il y a quelque temps qu'un de mes amis visitait un de ces capitalistes à millions, entre les mains desquels circulent incessamment tous les trésors de l'industrie et du commerce, pour y rentrer augmentés d'une large récolte d'or. Impatient d'échapper au faste qui l'éblouissait, il témoigna le désir de se réfugier dans la bibliothèque : « La bibliothèque? dit le Crésus, n'allez pas plus loin, la voici. » Cette bibliothèque se réduisait en effet à un portefeuille énorme, enflé de billets de banque. « Pensez-vous, ajouta le financier avec la fatuité railleuse d'un sot qui a eu l'esprit de devenir riche, que les bibliothèques les plus célèbres du monde renferment un volume de cette valeur? » Il n'y a rien à répondre à cette question, sinon que l'homme qui possède un pareil volume est bien malheureux de ne pas trouver du plaisir à en acheter d'autres.

Le bibliophile ne se trouve plus dans ces classes élevées de notre société *progressantes* (je vous demande pardon pour ce hideux participe, mais il passera, si vous voulez bien le permettre, avec le verbe *progresser*) ; le bibliophile de notre époque, c'est le savant, le littérateur, l'artiste, le petit propriétaire à modiques ressources ou à fortune congrue, qui se désennuie dans le commerce des livres de l'insipidité du commerce des hommes, et qu'un goût déplacé peut-être, mais innocent, console plus ou moins de la fausseté de nos autres affections. Mais ce n'est pas lui qui pourra former d'importantes collections, et trop heureux, hélas! si ses yeux mourants s'arrêtent encore un moment sur la sienne; trop heureux s'il laisse ce faible héritage à ses enfants! J'en connais un, et je vous dirais son nom si je voulais, qui a passé cinquante ans de sa laborieuse existence à travailler pour se composer une bibliothèque, et à vendre sa bibliothèque pour vivre. Voilà le bibliophile, et je vous notifie que c'est un des derniers de l'espèce. Aujourd'hui l'amour de l'argent a prévalu : les livres ne portent point d'intérêt.

L'opposé du bibliophile, c'est le bibliophobe. Nos grands seigneurs de la politique, nos grands seigneurs de la banque, nos grands hommes d'état, nos grands hommes de lettres sont généralement bibliophobes. Pour cette aristocratie imposante que les heureux perfectionnements de la civilisation ont fait prévaloir, l'éducation et les lumières du genre humain datent tout au plus de Voltaire. Voltaire est à leurs yeux un mythe dans lequel se résument l'invention des lettres par Trismégiste, et l'invention de l'imprimerie par Guttemberg. Comme tout est dans Voltaire, le bibliophobe ne se ferait pas plus de scrupule qu'Omar de brûler la bibliothèque d'Alexandrie. Ce n'est pas que le bibliophobe lise Voltaire, il s'en garde bien ; mais il se félicite de trouver en Voltaire un prétexte spécieux à son dédain universel pour les livres. A l'avis du bibliophobe, tout ce qui n'est plus brochure est déjà bouquin ; le bibliophobe ne tolère sur les tablettes négligées de son cabinet que le papier qui sue et les pages qui maculent, sauf à se débarrasser de ce fatras de chiffons humides, tribut stérile de quelques muses affamées, entre les mains du colporteur qui les paie au-dessous du poids ; car le bibliophobe reçoit l'hommage d'un livre et le vend. Je n'ai pas besoin de dire qu'il ne le lit pas et qu'il ne le paie jamais.

Il y a quelque dizaine d'années qu'un étranger, homme de génie, se trouva surpris dans un café de Paris, à la suite de son déjeuner, par un de ces désappointements ridicules auxquels les esprits profondément préoccupés sont trop sujets. Il avait oublié sa bourse, et cherchait inutilement dans son portefeuille un misérable *pound* égaré, quand ses yeux tombèrent, parmi les adresses éparses dans son *album*, sur celle de je ne sais quel seigneur suzerain d'un million d'écus, dont la porte était voisine. Il écrit au noble Turcaret, lui demande 20 francs d'emprunt pour une heure, charge un garçon de sa lettre, attend, et reçoit pour toute réponse le *non* inflexible du cardinal à Maynard. Un ami providentiel survient heureusement, et le tire d'embarras. Cette anecdote est jusqu'ici trop commune pour mériter qu'on la raconte, mais elle n'est pas finie. L'homme de génie devint célèbre, ce qui arrive quelquefois au génie, et puis il mourut, ce qui arrive toujours, tôt ou tard, à tout le monde. La renommée de ses ouvrages pénétra jusque dans les salons de la Banque, et le prix de ses autographes, qui ne fut pas coté à la Bourse, fit quelque sensation dans les ventes. Je l'ai vu, ce noble et utile appel à l'urbanité française, se payer 150 fr. dans un encan où le richard l'avait furtivement glissé, pour tenter le caprice des amateurs, et je serais bien étonné si ce petit capital n'était pas triplé aujourd'hui dans des mains si discrètes et si intelligentes. Ceci prouve qu'un bienfait refusé n'est pas plus perdu qu'un autre. On sait que j'ai toujours aimé à mêler quelque trait de morale dans mes moindres historiettes.

Il est une espèce de bibliophobe auquel je puis pardonner sa brutale antipathie contre les livres, la plus délicieuse de toutes les choses du monde après les femmes, les fleurs, les papillons et les marionnettes : c'est l'homme sage, sensible et peu cultivé, qui a pris les livres en horreur pour l'abus qu'on en fait et pour le mal qu'ils font. Tel était mon noble et vieux compagnon d'infortune, le commandeur de Valais, quand il me disait, en détournant doucement de la main le seul volume qui me fût resté (c'était, hélas ! Platon) : « Arrière, arrière, au nom de Dieu ! ce sont ces « drôles-là qui ont préparé la révolution ! Aussi, ajoutait-il fièrement après avoir re- « levé avec quelque coquetterie le poil de sa moustache grise, je puis prendre le ciel « à témoin que je n'en ai jamais lu un seul. »

Ce qui distingue le bibliophile, c'est le goût, ce tact ingénieux et délicat qui s'applique à tout, et qui donne un charme inexprimable à la vie. On oserait garantir hardiment qu'un bibliophile est un homme à peu près heureux, ou qui sait ce qu'il faudrait faire pour l'être. L'honnête et savant Urbain Chevreau a décrit merveilleuse-

ment ce bonheur, en parlant de lui-même, et je lui en fais mon compliment. Vous
serez de mon avis, si vous voulez l'écouter un moment à ma place, et vous savez
déjà que vous n'y perdrez pas. « Je ne m'ennuie point, dit-il, dans ma solitude, où
« j'ai une bibliothèque assez nombreuse pour un ermite, et admirable pour le choix
« des livres. On y peut trouver généralement tous les Grecs et tous les Latins, de
« quelque profession qu'ils aient été, orateurs, poëtes, sophistes, rhéteurs, philo-
« sophes, historiens, géographes, chronologistes, les pères de l'Église, les théologiens
« et les conciles. On y voit les antiquaires, les relations les plus curieuses, beaucoup
« d'Italiens, peu d'Espagnols, les auteurs modernes d'une réputation établie ; et le
« tout dans une fort grande propreté. J'y ai des tableaux, des estampes ; un grand
« parterre tout rempli de fleurs, des arbres fruitiers, et dans un salon, des musi-
« ciens domestiques, qui, par leur ramage, ne manquent jamais de m'éveiller, ou
« de me divertir dans mes repas. La maison est neuve, et bien bâtie ; l'air en est
« sain, et pour m'acquitter de mon devoir, j'ai trois églises à côté de mes deux portes
« cochères. »

Si Urbain Chevreau avait vécu du temps de Sylla, je ne sais pas trop si le sénat
aurait osé proclamer Sylla le plus heureux des hommes de la terre : mais je suis porté
à le croire, car il est bien probable qu'un homme comme Urbain Chevreau n'aurait
pas été connu du sénat. Remarquez, en effet, que ce digne Urbain Chevreau, l'objet
et le modèle de mes plus chères études, l'enchantement de mes plus agréables lectures,
præsidium et dulce decus meum, a oublié ou méconnu, dans ce charmant tableau
d'une existence digne d'envie, ce que sa félicité avait de plus précieux et de plus rare.
Il était plus savant que les savants de son temps, qui étaient si savants ; il était plus
lettré que les lettrés ; il faisait des vers qui valaient les meilleurs vers, et de la prose
si pleine, si abondante et si facile, qu'on croit l'entendre quand on le lit. Que de pé-
rils à éviter ! que d'obstacles à vaincre pour être heureux ! il fut heureux parce qu'il
sut se contenter de sa fortune et se passer de la gloire. On l'oublia tellement de son
temps, qu'il ne fut pas de l'Académie ; mais la haine l'avait laissé en paix comme la
faveur, et il mourut paisible, entre ses fleurs et ses livres, à l'âge de quatre-vingt-
huit ans.

Que la terre soit légère au plus aimable et au plus érudit des bibliophiles,
comme dit la petite phrase épicédique aujourd'hui consacrée. Mais que sont de-
venus ses livres, les livres si choisis et si propres d'Urbain Chevreau, dont aucun
catalogue récent n'a fait mention ? C'est là une question vive, pressante, incisive,
et dont on s'occupera beaucoup dans le monde social, quand le monde social ne
s'occupera plus des sots non-sens de philosophie humanitaire et de méchante politique dont il est infatué.

Le bibliophile sait choisir les livres ; le bibliomane les entasse. Le bibliophile
joint le livre au livre, après l'avoir soumis à toutes les investigations de ses sens et
de son intelligence ; le bibliomane entasse les livres les uns sur les autres sans les
regarder. Le bibliophile apprécie le livre, le bibliomane le pèse ou le mesure. Le
bibliophile procède avec une loupe, et le bibliomane avec une toise. J'en connais
certains qui supputent les enrichissements de leur bibliothèque par mètres carrés,

L'innocente et délicieuse fièvre du bibliophile est, dans le bibliomane, une maladie aiguë poussée au délire. Parvenue à ce degré fatal de paroxysme, elle n'a plus rien d'intelligent, et se confond avec toutes les manies. Je ne sais si les phrénologistes qui ont découvert tant de sottises ont découvert jusqu'ici dans l'enveloppe osseuse de notre pauvre cervelle l'instinct de collectivité, si développé dans plusieurs pauvres diables de ma connaissance. J'en ai vu un, dans ma jeunesse, qui faisait collection de bouchons de liége, anecdotiques ou historiques, et qui les avait rangés par ordre, dans son immense galetas, sous des étiquettes instructives, avec indication de l'époque plus ou moins solennelle où ils avaient été extraits de la bouteille ; *exemplum ut :* « M. LE MAIRE, CHAMPAGNE MOUSSEUX DE PREMIÈRE QUALITÉ ; NAISSANCE DE SA MAJESTÉ LE ROI DE ROME. » Le bibliomane doit avoir à peu près la même protubérance.

Du sublime au ridicule, il n'y a qu'un pas. Du bibliophile au bibliomane, il n'y a qu'une crise. Le bibliophile devient souvent bibliomane, quand son esprit décroît ou quand sa fortune s'augmente, deux graves inconvénients auxquels les plus honnêtes gens sont exposés ; mais le premier est bien plus commun que l'autre. Mon cher et honorable maître, M. Boulard, avait été un bibliophile délicat et difficile, avant d'amasser dans six maisons à six étages six cent mille volumes de tous les formats, empilés comme les pierres des murailles cyclopéennes, c'est-à-dire sans chaux et sans ciment, mais qu'on aurait pu aussi prendre de loin pour des *tumuli* gaulois. C'était, en effet, de véritables bibliotaphes. Je me souviens qu'en voyageant un jour avec lui parmi ces obélisques mal calés, et dont la prudente science de M. Lebas n'avait pas assuré l'aplomb, je m'informai curieusement d'un livre unique, dont ma respectueuse amitié s'était empressée de lui céder la possession dans une vente célèbre. M. Boulard me regarda fixement, avec cet air de bonhomie gracieuse et spirituelle qui lui était particulier ; et, frappant du bout de sa canne à pomme d'or une de ces masses énormes, *rudis indigestaque moles,* puis une seconde et une troisième : « Il est là, me dit-il, ou bien là, ou là. » Je frémis à l'idée que la malencontreuse plaquette avait disparu pour toujours, peut-être, sous dix-huit mille in-folio, mais ce calcul ne me fit pas négliger l'intérêt de mon salut. Les piles géantes, ébranlées dans leur équilibre incertain par le bout de la canne de M. Boulard, se balançaient sur leurs bases d'une manière menaçante, et leur sommet vibra

longtemps comme la flèche légère d'une cathédrale gothique, à la volée des cloches
ou aux assauts de la tempête ; j'entraînai M. Boulard, et je m'enfuis avant qu'Ossa
ne fût tombé sur Pélion, ou Pélion sur Ossa. Aujourd'hui même, quand je pense
que les *Bollandistes* ont failli s'écrouler tous à la fois, et de vingt pieds de haut, sur
ma tête, je ne me rappelle pas ce péril sans une pieuse horreur. Ce serait abuser
des mots que d'appeler bibliothèques ces épouvantables montagnes de livres qu'on
ne peut attaquer qu'avec la sape, et soutenir qu'avec l'étançon.

Monstrum horrendum, informe, ingens, cui lumen ademptum.

Le bibliophile ne doit pas se confondre avec le bouquiniste, dont nous allons parler, et cependant le bibliophile ne dédaigne pas de bouquiner quelquefois. Il sait
que plus d'une perle s'est trouvée dans le fumier, et plus d'un trésor littéraire sous
une grossière enveloppe. Malheureusement ces bonnes fortunes sont fort rares.
Quant au bibliomane, il ne bouquine jamais, parce que bouquiner, c'est encore
choisir. Le bibliomane ne choisit point, il achète.

Le bouquiniste proprement dit est ordinairement un vieux rentier ou un professeur émérite, ou un homme de lettres passé de
mode, qui a conservé le goût des livres, et qui
n'a pas su conserver assez d'aisance pour en
acheter. Celui-là est sans cesse à la recherche de
ces bouquins précieux, *raræ aves in terris*, que
le hasard capricieux peut avoir cachés d'aven-
ture dans la poussière d'une échoppe, diamants
sans monture que le vulgaire confond avec la
verroterie, et qui ne s'en distinguent qu'au regard
judicieux du lapidaire. Avez-vous entendu parler
de cet exemplaire de l'*Imitation de Jésus-Christ,*
que Rousseau demandait en 1763 à son ami
M. Dupeyrou, qu'il annotait, qu'il ornait de sa
signature, et dont un des feuillets se trouve

marqué d'une pervenche sèche, la vraie pervenche, la pervenche originale que Rousseau avait recueillie la même année sous les buissons des Charmettes? M. de Latour
est possesseur de ce bijou de modeste apparence qui ne serait pas surpayé au poids
de l'or, et qui lui a coûté 75 centimes. Voilà une délicieuse conquête! Je ne sais
toutefois si je n'aimerais pas autant le vieux volume de *Théagène et Chariclée,* que
Racine abandonna en riant à son professeur : « Vous pouvez, lui dit-il, brûler celui-
là; maintenant je le sais par cœur. » Si ce joli petit livre n'est plus sur les quais, avec
la signature élégante et les notes grecques en caractères mignons qui le feront distinguer
entre mille, je vous réponds qu'il y a passé. Et que diriez-vous de l'édition originale du
Pédant joué de Cyrano, avec les deux scènes que vous savez, enfermées dans une large
accolade, et cette simple note de Molière, griffonnée sur la marge : « Ceci est à moi. » Ce

sont là les douces joies, et le plus souvent, il faut en convenir, les merveilleuses illu-
sions du bouquiniste. Le savant M. Barbier, qui a publié tant d'excellentes choses sur les
anonymes, et qui en a tant laissé à dire, avait promis une bibliographie spéciale des
livres précieux ramassés pendant quarante ans sur les quais de Paris. La perte de ce
manuscrit serait fort à regretter pour les lettres, et surtout pour les bouquinistes,
ces habiles et ingénieux alchimistes de la littérature, qui rêvent partout la pierre phi-
losophale, et qui en trouvent de temps en temps quelques morceaux, sans prendre
grand souci de les faire enchâsser richement dans des reliures fastueuses. Le bouquiniste croit toute sa vie posséder ce que personne ne possède, et ses épaules se sou-
lèveraient de pitié devant l'écrin du grand Mogol ; mais le bouquiniste a de puissantes
raisons pour ne pas relever ses richesses de la vaine apparence d'une richesse étran-
gère, et il déguise son motif secret sous un prétexte assez spécieux. « La livrée de
l'âge, dit-il, sied aux vieilles productions de la typographie, comme la patine au bronze
antique. Le bibliophile qui envoie ses livres à Bauzonnet ressemble à un numis-
mate qui ferait dorer ses médailles. Laissez le vert-de-gris à l'airain, et le cuir éraillé
aux bouquins. » Ce qu'il y a de vrai au fond de tout cela, c'est que les reliures de
Bauzonnet sont fort chères, et que le bouquiniste n'est pas riche. N'enluminez pas la
beauté d'un fard presque sacrilége, et n'abandonnez pas les livres aux opérations
dangereuses de la restauration, quand ils peuvent s'en passer, mais croyez ferme-
ment qu'aux livres comme aux belles, la parure ne nuit en rien.

Le nom du bouquiniste est un de ces substantifs à sens double qui abondent
malheureusement dans toutes les langues. On appelle également bouquiniste l'amateur qui cherche des bouquins, et le pauvre libraire en plein air qui en vend. Autrefois, le métier de celui-ci n'était pas sans considération et sans avenir. On a vu le
marchand de bouquins s'élever du modeste étalage de la rue, ou de la frileuse expo-
sition d'une échoppe nomade, jusqu'aux honneurs d'une petite boutique de six pieds
carrés. Tel fut naguère ce Passard dont la mémoire vit peut-être encore dans la rue
du Coq. Et qui pourrait avoir oublié Passard, avec ses cheveux coupés de près, sa
courte queue en trompette, son gros œil fauve et saillant, et le petit œil bleu enfoncé
qu'un jeu bizarre de la nature avait opposé à l'autre, pour que le signalement de
Passard n'eût rien à envier à son caractère en originalité excentrique ? Lorsque
Passard, l'angle droit de sa bouche relevé par une légère convulsion sardonique, était
en humeur de parler ; quand son petit œil bleu commençait à pétiller d'un feu malin
qui n'enflammait jamais son gros œil éteint, vous pouviez vous attendre à voir se dé-
rouler devant vous toute la chronique scandaleuse de la politique et de la littérature
pendant quarante années historiques. Passard, qui avait colporté, sous le bras, sa
boutique ambulante, du passage des Capucines au Louvre, et du Louvre à l'Institut,
avait tout vu, tout connu, tout dédaigné du haut de son orgueil de bouquiniste. Et
cependant Passard n'était pas l'homme d'Horace, *dicenti bona mala locutus* ; il
n'en était que la moitié. La mémoire de Passard ne se rappelait que le mal ; mais,
avec quelle verve ironique, et quelquefois éloquente, il stigmatisait de son mépris
les noms les plus illustres, c'est ce qu'il faut avoir entendu pour le croire. « Mirabeau cependant ? lui dis-je timidement un jour. — Mirabeau, me répondit fière-

ment Passard en se campant sur le pied droit, était un stupide polisson. » Je me hâte de déclarer, pour l'acquit de ma conscience, que ceci ne prouve rien, si Passard ne connaissait pas mieux les hommes qu'il ne connaissait les livres. Ce qu'il y a d'incontestable pour les bouquinistes amateurs qui l'ont visité si souvent, c'est que sa conversation était beaucoup plus curieuse que ses bouquins.

J'ai cité Passard, bouquiniste obscur dont le nom ne brillera jamais dans une biographie ; Passard, qui est, selon toute apparence, le Brutus, le Cassius, le dernier des bouquinistes. Le bouquiniste des ponts, des quais et des boulevards, pauvre créature équivoque, anomale, étiolée, qui ne vit plus qu'à demi de ses bouquins méconnus, est tout au plus l'ombre du bouquiniste : le bouquiniste est mort.

Cette grande catastrophe sociale, la mort du bouquiniste, était un des résultats infaillibles du progrès : douce et innocente superfétation de la bonne littérature, le bouquiniste devait finir avec elle. Dans cet âge d'ignorance auquel nous avons eu le bonheur d'échapper, le libraire était, en général, un homme capable d'apprécier ses publications, qui les faisait imprimer sur un bon papier solide, élastique et sonore, et qui les faisait recouvrir, quand elles en valaient la peine, d'un bon cuir imperméable, assujetti par une bonne colle et par une bonne couture. Si le livre tombait par hasard dans le domaine du bouquiniste, il n'était pas perdu pour cela. Basane, veau ou parchemin, sa reliure brûlée et racornie aux feux du soleil, imbibée, détendue et ramollie par les averses, revêtue par le vent d'une couche épaisse de poussière qui devient de la boue quand il pleut, protégeait longtemps encore, sous un abri fort disgracieux au regard, les visions du philosophe ou les rêveries du poëte. Aujourd'hui, ce n'est plus cela. Le libraire du progrès sait que la gloire viagère des livres qu'il publie n'a guère plus de durée probable que la vie des moucherons du fleuve Hypanis, et qu'à peine baptisée par la réclame, elle sera enterrée dans trois jours avec le feuilleton. Il couvre d'un papier jaune ou vert son papier blanc noirci d'encre, et il abandonne le spongieux chiffon à toutes les intempéries des éléments. Un mois après, le honteux volume gît dans les caisses de l'étalagiste, à la merci d'une belle pluie matinale. Il s'humecte, s'abreuve, se tord, se marbre çà et là de larges zones mordorées, retourne peu à peu à l'état de bouillie dont il est sorti, et n'a presque plus de préparation à subir pour tomber sous le pilon du cartonnier. L'histoire des livres du progrès est tout entière là dedans.

Le bouquiniste aux vieux et nobles bouquins n'a rien de commun avec ce triste marchand de papier mouillé qui étale, en haillons moisissants, quelques lambeaux de livres nouveaux. Le bouquiniste est mort, vous dis-je, — et quant aux brochures qui ont remplacé ses bouquins, il n'en restera pas de souvenir dans vingt ans. On peut bien m'en croire, car j'y suis pour trente volumes.

Et puis faites-moi la grâce de me le dire, si vous le savez, que restera-t-il dans vingt ans ?

Charles Nodier.